Syllabuls/
Срички

ROUMENKA CHAPKANOVA

authorHOUSE®

AuthorHouse™
1663 Liberty Drive
Bloomington, IN 47403
www.authorhouse.com
Phone: 833-262-8899

Published by AuthorHouse 07/18/2020

ISBN: 978-1-7283-6758-3 (sc)
ISBN: 978-1-7283-6757-6 (e)

На майка ми Лилия и дъщеря ми Илина
To my mom Lilia and daughter Ilina

ДУШАТА НА ПОЕТА

Душат на поета е девича
Красив да бъде иска тя света
От тук е тази страст и таз епичност
Проклятието на рая и вечната тъга.

Душата на поета е себична
Светът да грабне иска цял
От тук е тази жар и таз трагичност,
Че сила е да приемеш, че си остарял.
27.09.1985

РАЗДЯЛА

Раздялата е болка и мечтание,
Душа безмълвна и сърце в обков.
Живот в покоя, често без дихание,
В очакване на дума, дъх или пък зов.

И търсиш смисъл все за оправдание,
За липсата и спрелите стрелки.
Да имат нужда, да търсят оповане,
Е твоята надежда. Тя не спи.

Че вечен е животът в движение,
Напред, нагоре, в спад или във възход
Да бъдеш тук и там е все изгнание.
Да бъдеш цял е мисия -ЖИВОТ

13.02.2020

ДАЛЕЧ.....ДА -ЛЕЧ / Да лекувам се/

Ям,но не с НА-яждам,

Спя, но е се НА-спивам

Живея, но ПРЕ-живявам,

ПРЕ-ставам да мисля,

ПРЕ-давам се на листа,

Да ДО-стигне

При КОГО?

Кой пита къде съм?

Далече.

Лекувам се.

С думи.

И срички.

Не искам да съм самичка.

Очите ми виждат.

Душата ми срича.

Копнее утеха

От дългото

ЧА-КА-НЕ.

22.12.2013

MOCCO JUMPIE

Jump, Jump, Mocco, jump!
Step straight, step right.
Swirl around. Nothing bounds.
Spin the wind, spin the soul.
Squeeze the evil, bring me home.
Spread more "giving". Make us laugh.

Jump, jump, Mocco, Jump!
Give the children, Peace and joy,
Join the teams of girls and boys.
Give them always best outlook.
Teach the parents how to cook.
Give the mothers more respect.
Show the fathers strength to act.

Jump, jump, Mocco, Jump!
Be my friend, and let us have fun.
Your style is perfect, act - divine.
I adore the freedom of your mind
Your free spirit makes me smile
So, keep traditions of the kind.

2008-15

INSPIRATION

Inspiration!
Do not leave me!
Let me dream!
Answer!
Where is the mean,
Of so many different
"HOW-s?"
How feelings are blossoming?
How?
Sometimes I feel like a cloud
Over mountains and no one
Can come there with me?
My mind is, Oh God!
In between...
Inspiration!
I know you come as a guest,
I should not be against
Or protest but
Pick up this fair presents
Of Nature.
Does it ever end?

ВДЪХНОВЕНИЕ

Вдъхновение,
Не ме напущай!
Нека помечтаем!
Отговори ми:
Кой дава отговора на
Толкова много : „Как?"
Как чувствата разцъфват?
Как понякога съм
Като облъците в небето?
И никои не може да ме стигне.
Умът ми е - О, Боже!
Между тях!
Вдахновение!
Знам ти идваш като гост
И аз не мога да бада против
Или да протестирам,
Но да взема тези
Подаръци на природата.
Тя има ли край?...

1986-2014

INSPIRATION

Вдохновение

В горний мир и вернись на землю!

в извечном потоке дней?

в многообразие форм?

Вдохновение!

Дай мне мечту!

духа живого бога!

Если нет, то пари Вдохновенье!

и зачем грустят облака?

и спасти ее от привычки?

и стрелой Вдохновенье мчись

и улыбаются травы?

иного существованья.

как в тишине цветет сердце.

Как вдохнуть душу

Как воссоздать единство

Как гость! - Я не буду против.

Как обрести постоянство

Как пахнут чувства влюбленных,

Как смотрит на мир душа

Как удержать любовь

концом моей смертной природы?!

Между миром людей и Небом

Не покидай меня!

Но будет мне пламень небесный

Но мысль моя - это лук,

О чем плачет море ночью

останься, дыхание Бога.

Ответь!

Подари мне огонь бессмертный

Принеси мне дары Природы

Природы и Человека?

Сотни вопросов «как»!

2003

ROMANCE

You may call it happiness
You may call it sorrow
Love is always tenderness
And hope to live tomorrow.

Once you think it is freedom
Then you cry to death.
Could you stop to feel it
Trying to forget?

See the stars are twinkling
Movements - up and down.
Simply they are dancing
Making loving rounds.

Shall we stop this waltz
Longest lasting dance?
Write such small romances
Cast the deepest glance.

РОМАНС

Можеш да го наречеш щастие,
Можеш да го наречеш тъга
Любовта винаги е нежност
И надежда да доживееш до сутринта.

Понякога мислиш, че е свободата
После плачеш до смърт.
Можеш ли да спреш чувствата,
Които се опитвш да забравиш?

Виж звездите как танцуват.
С движения надолу- нагоре.
Те просто танцуват,
Рисувайки любовни кръгове.

Можем ли да спрем този валс?
Най-дълго съществуващият танц.
Надраскай барзо този романс и
С поглед вгледай се отвъд.

1986-2014

ROMANCE

Романс

Ты можешь назвать это счастьем.
Ты можешь назвать это горем.
Любовь всего лишь надежда,
влекущая к будущей жизни.

Ты свободен, но почему тебя
манит смерть?
Или ты победить не можешь
в себе чувство беспамятства духа?

Ты забыл себя, но посмотри -
звезды светят.
Их танец похож на движения
вверх и вниз.
Только они танцуют, создавая
любовный круг.

Мы внутри его и должны
прекратить бесконечный танец
вращений и воплощений.
Достаточно беглого взгляда,
достаточно написать
маленькие романсы.

Они зазвучат в звездном круге
новой музыкой сфер и взорвут
цепь времен, что нас разделила.

2003

THREE FLOWERS

Three tiny flowers
I found once at home
Blossoming sparkles
For somebody's fun.
The first one -
The prettiest
Bluish and shy
Flexible tenderness
Of ten years guy.
The second one
Shining
Of yellowish-red,
Fines fragrances
Of Eastern sunset.
The third one -
Not shining
Nor smelling at all,
Transparent vessel
Of somebody's soul.
How can I keep them?
- Never apart!
Take them and love them!
Isn't this art?

ТРИ СТРЪКА

Три нежни стрък поисках да скътам
В чаша прозрачно стъкло
Видях ги на пътя посочващ – "нататък"
Прибрах ги на сухо и сега те са тук.

Поглеждам към първото-пъпка,
С пращящо от сила здраво стъбло,
Цветецът неясен, налети листата,
Усещам бодлите как силно бодат.

А второто грейва в омайната гама
На цвят и ухание слети в едно
Природата – тайна покрила с прашец е
Цъфтяща от нежност жълта уста.

Есента бавно покрива гората
Ветрецът отронва премрели листа
А в тъмното долу облагнати с мъка
Задържат се сухи прозречни цветя.

Живецът изчезнал е оставил бездънна
прозрачна следа да струи в жилките
в полюшващо ехо
с викът за смисъла и вечността.

1986-1914

THREE FLOWERS

Три цветка

Три крошечных цветка
нашла я однажды дома
Они цвели и сияли.
Но чья это милая шутка?

Первый из них - прелестный,
голубоватый и робкий,
гибкий, чувствительный
мальчик лет десяти.

Второй - сияющий,
желто-красный,
с ароматом прекрасным
заката восточного неба.

Третий - чистый,
но все ароматы вобравший,
прозрачный сосуд чей-нибудь
ясной души.

Как могу я их сохранить?
Как спасу красоту от смерти?
Я отдам им свою любовь,
Возьму их благоуханье,
зашифрую в сердце своем,
а затем дыханье цветов
спрячу в бутоны стихов.

Так, искусство Природы пленяя,
создает природу Искусства
жизни, любви и смерти
цветка души Человека,
что растет из
Времени в Вечность,
излучая любовь и радость.

Так может быть тайна Искусства сокрыта
в формуле розы живой?!
И это ли не совершенство формы
в бессмертии духа!

WINTER STORY

A few drops have fallen
Once, in winter.
Cold dry wind
Was blowing them.
Look!
Shining, sparkling
Color lenses
Collect the fire
In their beams.
The snow has come
To change the Nature.
To freeze the breath
And harden Earth.
Look!
Tiny, crystal,
Brittle snowflakes
Are flowering slowly
On the ground.

So badly freezing,
Water tear - drops,
Sway brilliant branches,
Towards God,
But slowly melt,

Of the caresses,
Oh!
Merciless warming,
Sunshine hug!

1986-2014

ЗИМНА ПРИКАЗКА

Снежни капки, танц през зима.
Литват нежно, въздух свеж.
Виж как хлад и вятър бързо
Стават хрупкав, пухкав скреж.
Водни лупи, огън сбират,
Малки, пъстри, в лъч пленен.

Снегът е тук, промяна бърза,
Спи земята, спира дъх,
Кристали крехки, падат леко,
Валят в безбрежие, и красят.

Прозорци пъстри засияват
В гора от нежни стъбълца,
И с вопъл тих към Бога - слънце
Отправят вик, последен стон
В сълзи от нежност се стопяват
О! Топла,нежна, водна плът!

1986-2014

WINTER STORY

Зимная история

Один раз, зимой,
падал одинокий снег.
(Холодный безучастный ветер
задувал его.)
Но смотри!
Свет от солнца - его лучи,
словно линзы собрали огонь.
(Шел снег, меняя природу,
ледяное дыхание мерзлой земли.)
Взгляни!
Малюсенькие кристаллы,
хрупенькие снежинки
неторопливо цвели на стекле.
Холодные струи воды
бриллиантовыми ветвями
к Богу тянулись.
Увы! Медленно тая.
(О, безжалостные объятья
горячего, жгучего Солнца!)

2003

ИНДИЯ

Неземна,потайна,

Далечна,безкрайна,

Индия – огряна от светлина.

С дъх неразкрит, И цвят –вечна тайна,

Спокойствие и мъдра тъга.

Промъквам се плахо, откривам наяаве,

Детска, нескрита мечта.

Очите се питат:„Дали е магия

Богатството от багри и светлина?"

Жените пристъпват с мената стъпка

Сред свежа уханна роса.

Ветрецът подухва и сарито хуква

Рисува цветуща, въздушна вълна.

От радост потръпвам И смело се впускам

В пастрата щумна талпа.

До късно будувам И после се лутам

Рисувам пак сънища или реалността?

И нищо че виждам в очите далбока

мечтателно тиха човешка тъга.

Тя идва навярно от човешката същност

Любов и омрза слели в едно.

Сега не се питам защо я обичам

И пазя спомен а дълго тук, у дома.

Защото разкри ми тяхната мъдрост

И древната истина за вечността.

INDIA

Majestic and stealthy farfetched and great.
INDIA - lit up in gorgeous light!
With breath, unrevealed and colors,
eternally hidden secret
Tranquility and remorse.
The ladies step softly on morning fresh dew
Winds fling freely rainbows of "saris",
Blown airy, drawn, waves on the sky.
I run quick and mingle in colorful throng.
Late down, in bed sleepless rowing my dreams
Surfing reality, present and past.
Why do I love India?
Keep memories home,
Because it revealed me
The wisdom cried out loud.
The ancient old secrets
To think whole life about.

1986 - 2014

ЗИМА

Мина лято, мина есен,
Ето зимата дойде,
И снежинки захвърчаха,
По безкрайното поле.

Тихата река замръзна,
В миг превърна се в лед,
И примами тя децата,
Втурнаха се те без ред.

WINTER IN HERE

The summer passed, the autumn, too.
The winter came
And snowflakes flew
To cover fields and endless sky.

The quiet river froze and
Ponds turned up quick to glaze. So,
Kids soon quickly shuffle, slide,
With Joy and laughter. Let us try!
1957-.2015

МАИЧИНА ОТМЯНА

Мила мамо, я кажи?
Що си тъй добра?
Мила мамо не тъжи
Аз съм ти отмяна

Бързо с малката метла
Кухнята ще помета
И дърва ще донеся
Печката ще наглася.

Но те моля мила мамо,
Винаги да си засмяна
Твоята усмивка блага
Ще ми бъде за награда.

MOTHER'S RPEAL

Dear Mom, please, respond.
Why are you so kind?
Dear Mom, do not be sad.
I am here to assist.
I will clean the kitchen, soon.
Fix the stove, broom the floor,
But, Mom, I beg you, dear!
Please, smile with whole heart
For your kind smile is my reward.

1960-2014

НОЩЕН ВЛАК

Загледани в мрака
Те влака причакват
И тропат припряно с крака,
А той трака-трака
Нехае, че чакат
Връхлита и спира за миг.
В купето се скупчват
И в мигом потръпват
Усетили глухия такт
И сгушени там
Лека-полека
Започват пак да мълчат.
Мечтите връхлитат
От топлото литват
Забулва ги нежно нощта
Поскърцват вратите
Главите залитат
И блясва искра след искра...

THE OVERNIGHT TRAIN

Staring in the dark
Patiently waiting
Train to embark.
Stamp, cold, freezing legs…
Here it comes
Carelessly strikes,
And suddenly stops
Just for the "fact".
Soon, bodies cluster,
In narrow compartments.
Solely, heavily drop,
Waiting and sensing
The even wheels' tact.
Soon all calmly nestle
Easily after the sound.
Heads winking and
Waging –left, right,
Dreams swoop,
Flying freely ahead,
The dark night hugging
Envelopes them
Just for a while.
Doors wiggle and crash,
Whistle and bang
Heads falter and wobble,
Sparkles light up and die.

1985–2014

НОЩ

Открехнат леко
Прозорецът похлопва
Поскърцват леко пантите от страх.
Пердето литва
Птица лекокрила
И бавно в миг настъпва мрак.

В гореща стая аз лежа простряна
Чета и мисля
Плача и скърбя.
Очаквам с очите да открия
На утрото прохладен синкав дъх.

Нима животът – в огън пещ
Ще ми премине?
Кога ще сгуша плахо
Своята глава?
И като дете до свойта майка мила
За миг ще грабне бързо мен съня.

A HOT NIGHT

The window wide opened
Taps and clatters,
Squeak and knuckle,
Crack and crunch.
In Fear. Squeezed.
The certain flies
Like a bird in winter,
And slowly dark
Arrives, at once.
I lay in bed
Dip in conscious
It thinks, no bet
The senses soon
Will quick reveal
The early morning
Cooling breath.

Will my life
In hottest furnace
Pass by me?
When? I will huddle shyly
Bent my head
As child with hugging mother,
Dear!
Dreams grab me, quick, asleep!

1985-2014

ФАРОВЕ

Бляскави фарове,
Скорости, барове,
Гавкави стапки,
Фрази натапкани,
Погледи искрени
Дрехи "изискани".
Лутат се, бласкат се,
После запътват се
Търсейки, тарсейки
Нещичко „лично".
Лутат се, блъскат се
После утихват те,
Чакайки искрено
Да бъдат обичани.

HEADLIGHTS

Brilliant headlights,
Speeding lines, bars.
Flexible movements
Well learned steps.
Mere phrases,
Sightless eyes,
Dress exquisite
Wonder about.
Jam, dashing and welter
Then walk away
Desperately searching for
Something in person.
Jam, dashing and welter,
Then calm down in silence
Waiting sincerely
To be frankly loved.

1979-2014

ЛАТИНКИ

Бистри капки, пъстри, ярки,
Като пламъчета светят на балкона,
Във цветята!
Ех, градинке моя малка,
Как събираш на земята
Всички огнени стихии
В тези мънички съксии?
С блясък ясен, с тиха нежност
Сякаш в моя тъжен ден
Вий не грейте. а копнейте
Да засветя като вас.

NASTIRTIUMI (INDIAN Cress)

Crystal clear, brilliant shining
Drops like lenses, out in air.
Hot flames spread in tiny pots.
Oh, my Garden, Porch in Eden!
How are you able to attract
All universal elements
In these small and pretty jars?
With silent kindness
At my full of sadness day,
You only shine as if you wish me
To light up as you, do.

1980-2014

СВЕЩИ

Бих искала да срещна
В тътнещия мрак
Две огънчета – свещи
След тях ще тръгна,
С тях.
Не с длани да прикривам
И пазя от дъжда,
А огън да поднасям
И стрижа им върха
В едното - да изгарям,
В другото – да спя
И ден в нощта да раждам
Живота в смъртта.

CANDLE LIGHTS

I wish I met in roaring darkness,

Two lit candles, sparkling eyes.

I will quickly run and stay in silence.

Not keep them safe

From storms and thunder,

Nor under winds and rain, at last.

But lit them up and put on fire.

To burn out in first, and sleep – in next.

Have day at night and dreams at light

Live life and death, times mixed…Life set…

1980 - 2014

ДВЕ ИСТИНИ

Две истини в живота си разбрах.

Едната – че небето е високо,
А другата – виж очите!
Взри се в тях!
Виж колко там небето е дълбоко!

THE TRUTH

Two secrets
I found in life
The first – The sky is high.
Look at the eyes.
How deep the sky is there.
Sink or fly!

1979-2014

НА БЪДЕЩЕТО

Родени ли сме ние още младите?
Или от нас се иска още да растем?
Отминаха отдавна барикадите
А ние трябва ли до тук да спрем?
И втурваме се в таз сеитба дива
Гонитба – все нагоре и напред
Да спрем ли?
Не! Не може! Не !Не бива!
Че кой те пита – Девиз е! – Все напред!
Затуй раздрани нашите души се питат:
"Къде е смисълът?"
„Защо?" и"Как?"
Я вижте!
Птиците отлитат
Щом чуят глух и тъжен грак.

Че тиха нощ е и зваздите пак догарят.
Шуми реката, тътне черен облак – Мрак!
В очакване поскърцва бяла стряха
И литва птица – търси своя бряг.

FOR THE FUTURE

Have we, the youth, ever been born?
Or we are still waiting to have grown?
The barricades have passed long ago
Should we stop or fight again?
So, we rush in "wildest sowing"
In fight ahead and up, and up, again.
To stop?
No, no we cannot. No! We must not.
Has anybody asked you?
The rule - "All the way up!"
Our souls are in pain and wounds
Searching the meaning:
"Why?" "How?"

See the birds are flying
When they hear hollow, sad croak.
At silent nights the stars are dying.
The rivers roar, clouds loud rumble – Dark!
In expectance the white awning scratch
And a bird flies fast – in search for the resting coast.

1985-2014

ЗАЩО

Защо в стихове извайваме жената
Със слово, звук или пък с щрих?
И багри, жест или в хармония
обкичват този нежен лик.

В сърцето на твореца
Ражда се жената
И в пулса равен ред по ред
Историята той пише за човека
Родил се в стар и в този век.

Във вечната и святата утроба
На майката, жената и човека
Безкрайната вселена сътворява
Животът, Бога или пък поета.

Защо тогава съдите жената
С закони тежки, укори и ругатни?
Довчерашният идол – Дева свята
Превърнахте – Уви! в купчина лъжи.

И днес едва ли някой ще погледне
В стройната и гъвкава снага
Без тихо мълком да подметне
„Жена ли ?" „Тя пък е една"

Къде остана поривът, не секса
Къде Любов, а не тъга?
Жени ли?

Не руйни тръгнали са днес с прогреса
В утробите им бомби, не деца.

Защо ти време толкоз ни отрече,
в какво сгрешихме – обич дай!
Къде са те, мъжете ни? Къде са?
Закрилници, любими и деца.

Вселено дай ни ти човека!
Баща и приятел
Съдник и другар.
В замяна – ето!
Давам ти сърцето
на тази странна, мъничка жена.

WHY?

Why the artists draw the women
In words, tint, sounds and in flair?
The beauty parlors frame her hair
And colors gently play on her face.

The women come out of the creator's heart
Who in even pulse, stance by stance,
Writes the story of the human race.
In mother's secret womb, no doubt,

The endless universe has always been created,
The pupils, living God or the Poet.
So, why we strongly judge the women?
With hard reproaches, expletives and laws.

The idol in the past, Saints and Devas.
Were turned up into piles of lies.
Now, I doubt you could look at
In any slender, charming girl,

Without silently to spur loud:
"Hay, Woman... come and have a ride ......"
Love is lost and sex reigns free,
Sorrow, not love, the women bare.

Now, ruins are heading to the progress
With empty wombs like bombs in spare.
Why you time rejected us. Why?
What fault was ours. What?

Respond! And give us love.
Devoted men, protectors, lovers
A tender child and father, friend,
A man, arbiter and a gal,

In exchange, I will' give you
The strangest little woman's heart.

1985 –2014

САМОТНИ БЕГАЧИ

Самотни бегачи на дълги разстояния
Виж сенките им – две по две

Едната - пропуснати разкаяния
Другата – отминали грехове.

LONELY RUNNERS

Lonely runners,

A Long distance is ahead.

Maps, of no reach.

Shades split up. Two-by-two.

The first – Remorse missed.

The second – Past sins not confessed.

1985-2014

THE MARCH OF PEACE

Left - right
Fight of rights.
Freedom - prison
Where is the reason

Freedom is giving
Who can regret.
Prison - is taking
Can you forget?

People, all people
Living today
Fight for your future
Never obey!

МАРШ НА МИРА!

Леви, десни,
Борба за права.
Свобода – затвор,
Коя е причината?
Свободата е да даваш,
Ще съжаляваш ли?
Затворът е взимане,
Можещ ли да забравиш?

Хора, живеещи днес,
Борете се за бъдещето си,
И никога не забравяйте!

1986-2014

ЧОВЕЧЕСТВО

Взело на прицел
Съдбата си
В зародищ
От копнежи
Болки
Възторзи
И печал.

Виж!
Деветата вълна
От престарели истини
Бучи, надига се и пада

Бал след бал ...

HUMANITY

Humanity
Drawn a bead on
Its destiny in
The nucleus of
Wistful,
Pain,
Hope and
Sorrow.
Look!
The Ninth wave of
Old fashioned truths
Roars, rises and crashes,
Wave by wave....

1976-2014

-THE END-

Printed in the United States
By Bookmasters